まちごとチャイナ

天台山
Zhejiang 010 Tiantaishan
靄たちこめる「仏教霊山」

Asia City Guide Production

【白地図】天台山と長江デルタ

CHINA
浙江省

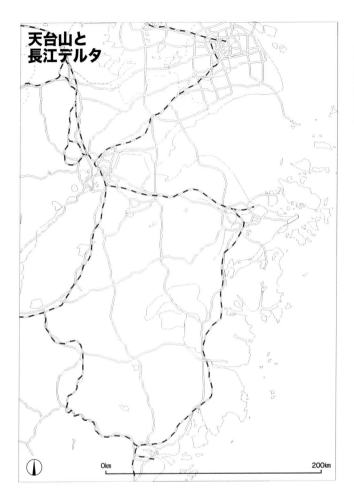

天台山と長江デルタ

白地図

【白地図】天台県と天台山

CHINA
浙江省

天台県と天台山

Tiantaishan

白地図

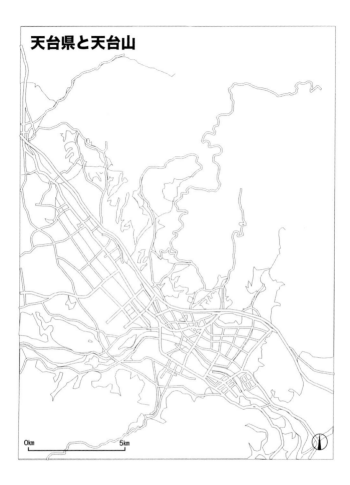

【白地図】天台県

CHINA
浙江省

【白地図】済公故居

CHINA
浙江省

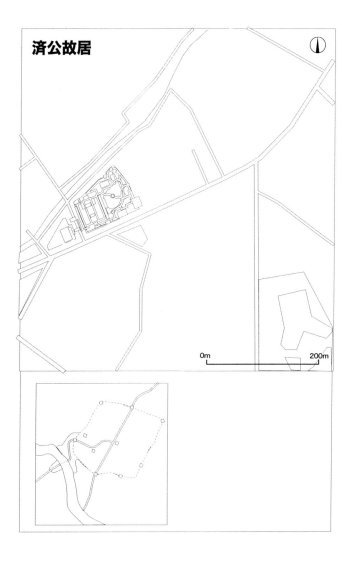

済公故居

Tiantaishan | 白地図

【白地図】国清寺

CHINA
浙江省

国清寺

Tiantaishan 白地図

【白地図】仏隴

CHINA
浙江省

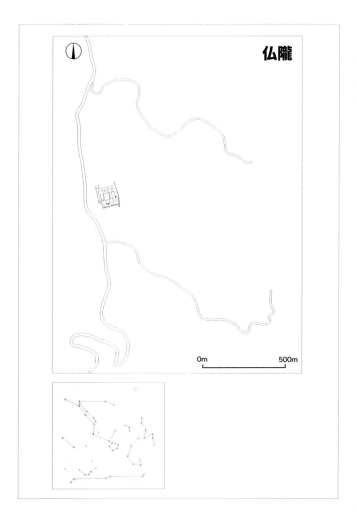

仏隴

Tiantaishan 白地図

【白地図】智者塔院

CHINA
浙江省

智者塔院

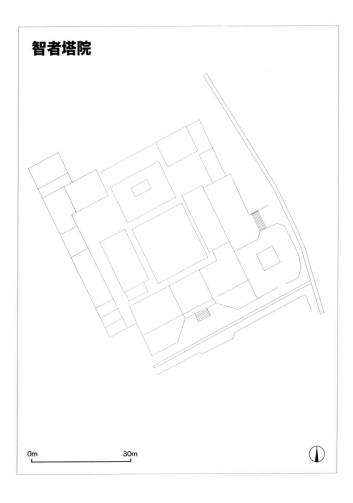

0m 30m

【白地図】天台山中

浙江省

天台山中

Tiantaishan

白地図

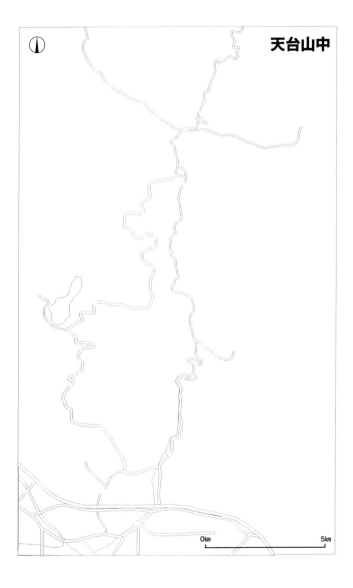

【白地図】石梁飛瀑

CHINA
浙江省

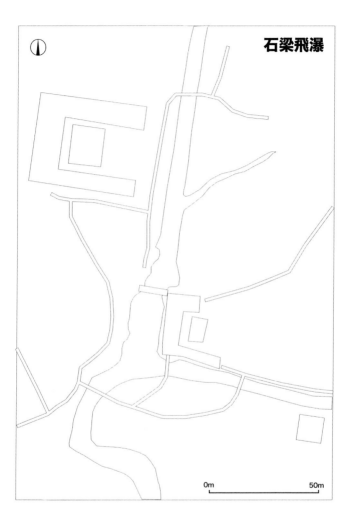

石梁飛瀑

白地図

【白地図】臨海（台州）

CHINA
浙江省

臨海（台州）

白地図

【白地図】天台郊外

浙江省

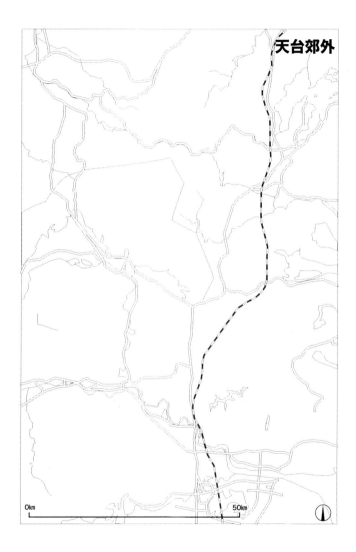

天台郊外

Tiantaishan

白地図

CHINA
浙江省

【まちごとチャイナ】
浙江省 001 はじめての浙江省
浙江省 002 はじめての杭州
浙江省 003 西湖と山林杭州
浙江省 004 杭州旧城と開発区
浙江省 005 紹興
浙江省 006 はじめての寧波
浙江省 007 寧波旧城
浙江省 008 寧波郊外と開発区
浙江省 009 普陀山
浙江省 010 天台山
浙江省 011 温州

浙江省中央東部、標高1138mの華頂峰を中心にそびえるいくつもの峰からなる天台山。「古・清・奇・幽」を備え、天の三台星に応ずる山とされ、峨眉山(四川省)、五台山(山西省)とともに中国仏教三大霊山にあげられる。

天台山は古くから道教の聖地と知られていたが、575年、天台大師智顗(538〜597年)が入山して天台宗を大成し、以後、中国天台宗の拠点となった。この中国最先端の仏教宗派を学んだのが、伝教大師最澄(767〜822年)で、帰国後、比叡山で日本天台宗を開いている。

天台山 Tiān tái shān
ティエンタイシャン
天台山

Tian tai shan

　天台山は、中国、日本、韓国など東アジア全域に広がる天台宗の根本道場となり、円珍、成尋、栄西、道元などの日本僧も入山している。現在、天台大師智顗の遺言をもとに隋煬帝によって天台山麓に建てられた国清寺、天台大師智顗の肉身仏を安置する智者塔院といった寺院が、美しい大自然のなか点在する。

【まちごとチャイナ】

浙江省 010 天台山

目次

天台山	xxiv
天の台星に応じる聖地へ	xxx
天台県城市案内	xli
国清寺鑑賞案内	lii
天台山と国清寺をめぐって	lxvii
仏隴鑑賞案内	lxxv
石梁鑑賞案内	xcii
臨海城市案内	cvii
天台郊外城市案内	cxxvii
道仏混淆する霊山	cxxxiv

【MEMO】

【地図】天台山と長江デルタ

【地図】天台山と長江デルタの [★★★]
- ☐ 天台山 天台山ティエンタイシャン

CHINA
浙江省

【地図】天台山と長江デルタの [★★☆]
- ☐ 臨海 临海リンハァイ

【地図】天台山と長江デルタの [★☆☆]
- ☐ 天台県 天台县ティエンタイシィアン
- ☐ 石城 石城シイチャン
- ☐ 台州 台州タイチョウ
- ☐ 黄巌 黄岩フゥアンイェン

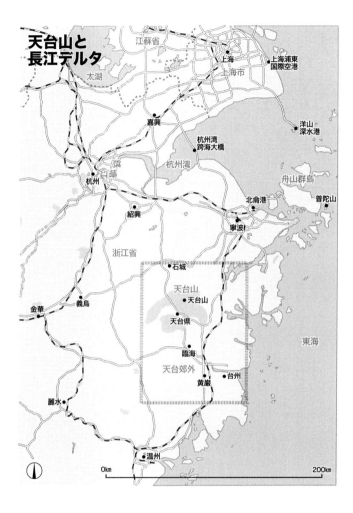

天の台星に応じる聖地へ

CHINA
浙江省

浙江省中央東部の天台県城の北から
寧波に向かって伸びる山塊群の天台山
東晋の孫綽は「山岳の神秀なる者」と詠んだ

神仙棲む「仙山仙境」

昔むかし、嵊県に暮らす劉晨と阮肇のふたりが薬草を求めて天台山へ入山した。うまそうな桃を見つけた劉晨と阮肇は、それを食べたあと、ふたりの仙女に出逢い、仙女にひきとめられるまま、天台山で楽しく半年を過ごした。さて、ふたりが下山して嵊県に戻ると、劉晨と阮肇を知る人は誰もおらず、家には7代あとの子孫が暮らしていた。そして村人は「昔、天台山に薬草を求めて帰ってこなかった先祖がいた」と告げたという。『浦島太郎』にもくらべられるこの話は、中国古来の不老長寿を求める神仙思想、仙人(仙女)の棲む山岳と

の結びつきが見られる。天台山には古くから道教の仙薬にもちいる薬草を求めて道士が入山し、仏教のみならず、道教や儒教からも聖地とされてきた。

天台宗発祥の地へ

日本天台宗は、806年、伝教大師最澄が開き、比叡山延暦寺を総本山とする。そして比叡山出身の法然、栄西、道元、親鸞、日蓮が鎌倉仏教をはじめたことから、天台宗は日本仏教諸宗派の源流とされる。この天台宗は中国南北朝から隋代に生きた天台大師智顗（538〜597年）を祖師とし、天台山で思想

CHINA
浙江省

▲左　四隅のそりあがった屋根、高明寺の鐘は10km先まで響くという。　▲右　いくつもの峰が続く天台山

を体系化したため、その人を「天台大師」、教えを「天台宗」と呼ぶ。中国天台宗の特徴は、ブッダがインド霊鷲山で説いた内容で、鳩摩羅什が漢訳した『法華経』を最高経典とするところ。この教義はインド僧龍樹(150〜250年ごろ)、慧文(北斉時代の人)、慧思(515〜577年)から天台大師智顗へ受け継がれてきた。智顗の師にあたる慧思は、日本の聖徳太子(〜622年)に生まれ変わったと言われ、その伝説もあって揚州の鑑真(688〜763年)は東征し、天台宗の経典を日本にもたらした。そして鑑真の請来した経典を日本で読み、より深い内容を求めて最澄(767〜822年)は入唐したという。

【MEMO】

CHINA
浙江省

こうした経緯から、多くの日本人にとって「天台山（中国）」は、「比叡山（日本）」「霊鷲山（インド）」とならぶ仏教聖地となっている。

天台山という名前

中国では殷周以来、天の星宿（星座）とそれに対応する王権や国（地域）との関わりが論じられてきた。北の空で不動の北極を「皇帝」に、その周囲をまわる星を「皇帝の臣下」とする考えも知られる。天台山という名前は、北極星の紫微宮近くにある「三台星宿（三星）」からとられたもので、北斗

▲左　最澄が菩薩戒を受けた台州龍興寺。　▲右　天台宗ではブッダがインド霊鷲山で語った内容『法華経』を重視する

七星の杓をつくる4つの星を「魁」、その魁のしたにある「上（上台・台宿）」「中（中台・光輔）」「下（下台・紫宸）」というふたつずつあわせて6つの星をさす（皇帝の暮らした紫禁城は、紫微宮に由来する）。南北朝時代の道士である陶弘景は「上応台星、故曰天台（天にある台星に応ずる、そのため天台という）」と記している。天台山の「台」が「星」を意味するのに対して、五台山の「台（臺）」は「高くて平らなところ」を意味し、両者のもともとの漢字は異なる。また天台山を天に登るはしごにたとえて、天梯山とも呼ばれた。

浙江省

天台山の構成

天台山の領域はきわめて広く、「赤城山」を南門、「石城山」を西門、「金庭観」を北門、「王愛山」を東門とする。最大寺院の国清寺は天台山南門近く、ちょうど山と人びとの暮らす天台県城を結ぶ地点に位置する。そこから北4kmの山をわけいったところの、天台大師智顗が拠点を構えた仏隴が「仏教聖地」、仏隴から西5kmの天台山南西部の桐柏宮が「道教聖地」となっている(また華頂峰の北西4kmに天台山最高の景勝地である石梁飛瀑が位置する)。天台山には、桐柏、赤城、瀑布、仏隴、香炉、羅漢、東蒼をはじめとする「11の山、127の峰」

があり、その最高峰の華頂峰（高さ1138m）で天台大師智顗は開悟した。最盛期で70以上の仏教寺院、10以上の道教寺院が天台山にあったと言われ、北の新昌から南下して石梁飛瀑へ続く道、東の寧海から西に進んで華頂峰へいたる道、南の天台県城から北へ進む道を通って人びとは天台山に入山した。

【地図】天台県と天台山

【地図】天台県と天台山の [★★★]
- ☐ 国清寺 国清寺グゥオチンスウ
- ☐ 智者塔院 智者塔院チイチャアタアユゥエン
- ☐ 石梁飛瀑 石梁飞瀑シイリィアンフエイプウ

【地図】天台県と天台山の [★★☆]
- ☐ 済公故居 济公故居ジイゴォングウジュウ
- ☐ 仏隴 佛陇フウロォン
- ☐ 高明寺 高明寺ガオミンスウ

【地図】天台県と天台山の [★☆☆]
- ☐ 天台県 天台县ティエンタイシィアン
- ☐ 始豊渓 始丰溪シイフォンシイ
- ☐ 赤城山 赤城山チイチャンシャン
- ☐ 桐柏宮 桐柏宮トォンバイグォン
- ☐ 万年寺 万年寺ワンニィエンスウ

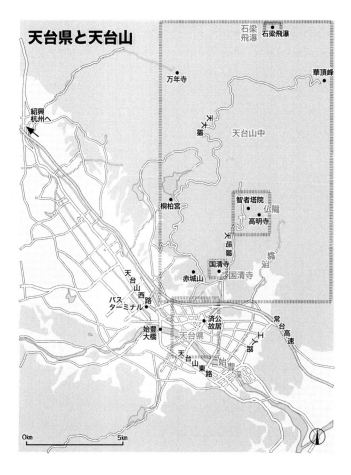

【MEMO】

CHINA
浙江省

Guide, Tian Tai Xian
天台県城市案内

天台山への起点となる天台県城

国清寺はこの県城に近い

山の麓に建てられた

天台県 天台县 tiān tái xiàn ティエンタイシィアン [★☆☆]
天台山の南麓に位置し、天台山への起点となってきた天台県城。始豊渓と清渓の合流点に位置し、かつては変形矩形プランの城壁で周囲を囲まれていた。中原から見て辺境にあたるこの場所に県城がおかれたのは三国呉の257年のこと。「南方をはじめておさめる」という意味をこめて、南始平県という名前がつけられていた。その後、唐代に川の名前でもある始豊県と呼ばれ、675年、唐興県となり、やがて天台山から天台県という名前がとられた。長らく、臨海(台州)へ運ぶ茶や木材、竹細工などの集散地となり、また天台山へ巡礼す

【地図】天台県

【地図】天台県の [★★☆]
- [ ] 済公故居 济公故居ジイゴォングウジュウ

【地図】天台県の [★☆☆]
- [ ] 天台県 天台县ティエンタイシィアン
- [ ] 労働路 劳动路ラオドォンルウ
- [ ] 始豊渓 始丰溪シイフォンシイ

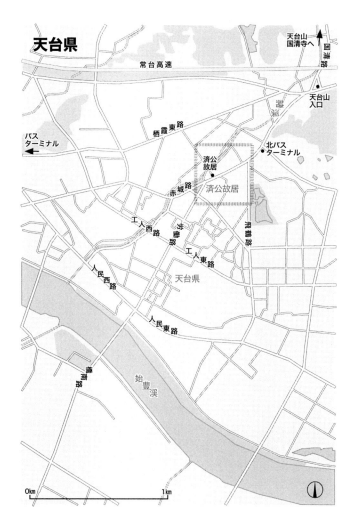

【地図】済公故居

【地図】済公故居の [★★☆]
- [ ] 済公故居 济公故居ジイゴォングウジュウ

【地図】済公故居の [★☆☆]
- [ ] 労働路 劳动路ラオドォンルウ

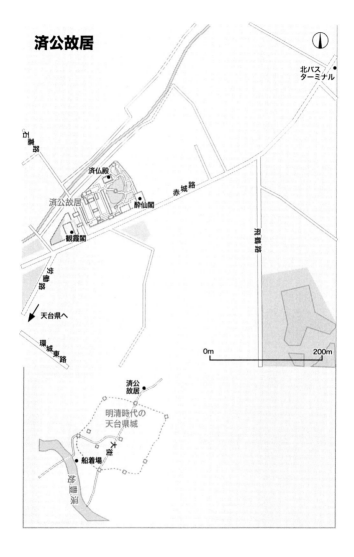

浙江省

る人たちが多く訪れた。現在、城壁はとり払われ、労働路、工人路の交差するあたりが街の中心部となっている。

労働路 劳动路 láo dòng lù ラオドォンルウ ［★☆☆］
天台県の中心を走るメイン・ストリートの労働路。城壁をはりめぐらされた時代から、千年にわたって天台県でもっともにぎやかだったところで、古くは「大街」と呼ばれていた。今では銀行や大型商店、公共施設がこの労働路に集まっている。

▲左　天台山への足がかりとなる南麓の天台県。　▲右　済公は庶民から絶大な信仰を集めた、済公故居

済公故居 済公故居
jì gōng gù jū ジイゴォングウジュウ ［★★☆］

天台山南麓の永寧村に生まれ、南宋の都で活躍した済公（1148〜1209年）の故居。済公は酒を飲み、肉を食らうなど、戒律を守らない奇僧で、ぼろをまとい、扇をもって笑みを浮かべる姿で知られた。国清寺で出家し、杭州の霊隠寺、浄慈寺などに移ったが、その奔放な性格から寺院を追放されることもあった。一方で、悪代官をこらしめて民衆を助けるといった性格から、民間では信仰を集め、仏教ばかりでなく、道教にもとり入れられている（とくに台湾や華僑のあいだで広く

CHINA
浙江省

信仰されている)。済公故居はこの済公ゆかりの地に新たに建てられたもので、規模の大きな楼閣や庭園からなる。また済公故居のほか、天台県の北側にそびえる赤城山にも済公ゆかりの洞窟が残る。

上棟式に来た済公

済公をめぐってひとつの話が伝わっている。ある家族が家を新築し、その上棟式に済公を招き、そこで済公はご祝儀の酒を12、3杯飲んでから、この新築のために言葉を送った。「今後、1000人、この家から葬式が行なわれますように」「妻が

▲左　済公故居はかつての天台県の北門外に位置する。　▲右　野菜やフルーツを売る人たち、「天台山桔」は温州みかんの源流とも考えられる

生きているあいだに亭主は死に、子が生きているあいだにその父親は死にますように」。家族は葬式や死といった言葉をもちいた済公に気分を害したが、よくよく考えると、「この家から1000人の子孫が栄えますよう」「亭主は妻に先立たれないよう、子は親より長生きするよう」といった真意があることを悟り、済公の言葉の真意を理解したという。

浙江省

始豊渓 始丰溪 shǐ fēng xī シイフォンシイ [★☆☆]

天台山西の大盆山から流れ、赭渓、螺渓など天台山からの支流を集める始豊渓。天台県から臨海（旧台州）、台州（旧海門）へと流れ、途中から霊江と名前を変えるこの河川によって天台県は寧波や温州と結ばれていた（最澄に続く求法僧の円珍は、台州から始豊渓をさかのぼって天台県城の船着場へ着いている）。また天台宗を開いた天台大師智顗は、581年、この流れを殺生を禁じる放生池としたことでも知られる。

Guide, Guo Qing Si

国清寺鑑賞案内

CHINA 浙江省

国清寺は天台宗の総本山
済州霊厳寺、摂州棲霞寺、荊州玉泉寺とともに
「天下の四絶」と言われる名刹

国清寺 国清寺 guó qīng sì グゥオチンスウ ［★★★］

国清寺はブッダが霊鷲山で説いた『法華経』を最高の経典とする天台宗の総本山。天台山でその教えを大成した天台大師智顗（538～597年）の遺言で、天台山の山麓に建てられた。生前、智顗は晋王広（のちの隋煬帝）の帰依を受け、その援助もあって601年に国清寺は完成した。当初、天台寺と名づけられたが、修行中の智顗が老僧の定光法師から受けた言葉「もし寺成れば、国すなわち清らかなり」をとって国清寺となった（隋代に建設されたことから「隋代古刹」の文字も見える）。845年の会昌の廃仏以後、851～864年に再建さ

れるなど破壊と再建を繰り返し、禅宗がさかんになった宋代の1130年、禅寺にもなった。文化大革命が終息した20世紀末以後、再び、多くの僧侶が国清寺に集まるようになり、朝早くから修行にはげむ姿もある。

南麓の寺院

天台大師智顗が修行したのはより山奥の仏隴で、国清寺は天台山への登山口にあたる南麓に位置する。山中にある仏隴が出家者の修行の場であったのに対して、山麓の国清寺は在家信者や一般の人びとのための寺となっている。これは智顗の

【地図】国清寺

【地図】国清寺の［★★★］
- [ ] 国清寺 国清寺グゥオチンスウ

【地図】国清寺の［★★☆］
- [ ] 隋塔 隋塔スゥイタア

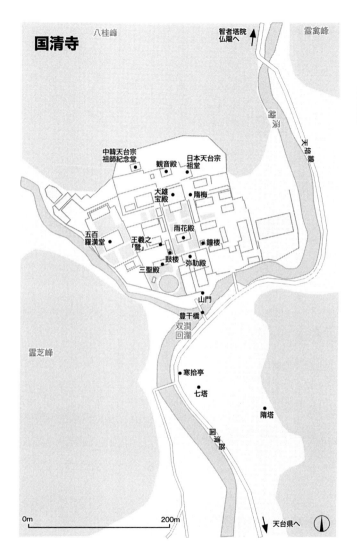

浙江省

遺言によるもので、天台県城に近い場所に国清寺を建てて、人びとに布教するねらいがあったという。天台山系からのふたつの流れが国清寺前で合流して「双澗回瀾」を見せ、仏隴方面から流れてくる楮渓のつくる峡谷が、天台山奥部へ続く街道となっている。この国清寺の周囲を、北の八桂峰（高さ344 m）、北西の映霞峰（高さ462m）、北東の霊禽峰（高さ318m）、南東の祥雲峰（高さ301m）、南西の霊芝峰（高さ180 m）という5つの峰がとり囲み、601年の建立当初、北の八桂峰にあった伽藍は、やがて現在の場所に遷された。

▲左　過去七仏をまつる七塔。　▲右　国清寺前を流れる渓流の赭渓、国清寺前でふたつの流れが交わることを双潤回瀾という

隋塔 隋塔 suí tǎ スゥイタア［★★☆］

国清寺の南側の参道にそびえ、国清寺のシンボルとされる高さ59.3mの隋塔。六角九層からなる仏塔で、近くの赤城山に立つ梁妃塔と対応している。隋の煬帝が天台大師智顗のために建てたと言われるが、その様式は宋代のもの。上部は失われているものの、外壁にほどこされた美しい仏像彫刻が見える（この隋塔から元代のパスパ文字が出土し、天台宗のほか、禅宗、チベット仏教との関係があったこともわかっている）。

浙江省

国清寺の門前

天台県側から国清寺へ進むと、入口あたりに高さ59.3mの「隋塔」、天台山ゆかりの寒山拾得にちなむ「寒拾亭」、宋代建立の過去七仏を意味する「七塔」が立つ（またそのそばに唐の玄宗の時代と日本の奈良時代に使われていた大衍暦をつくった一行の墓が残る）。国清寺前を流れる楮渓に架かるのが、長さ14.4mの豊干橋で、その先の国清寺の壁面には「隋代古刹」の文字が見える。国清寺の山門は風水上の配慮から、あえて小さく、南ではなく東に向かって開かれている。

▲左　気の流れを逃さないよう国清寺の山門は小さく東向き。　▲右　雨花殿にまつられている四天王像

国清寺の伽藍

国清寺伽藍は、中央の中軸線と、その東西にそれぞれふたつの軸線がならんで走る様式をもつ。豊かな太鼓腹の弥勒仏を安置する「弥勒殿」、四天王が立つ「雨花殿（天王殿）」、本尊の釈迦牟尼銅像（明代のもの）の鎮座する「大雄宝殿」、毘盧遮那仏と左右の千手観音をまつる「観音殿」へと続く。雨花殿（天王殿）前方の両脇に、鐘楼と鼓楼（正方形、高さ11m）が立ち、また大雄宝殿の東側には隋代から樹齢1400年という「隋梅」が残る（この梅は天台大師智顗から教団をひきついだ灌頂が国清寺を創建したとき植えたものだと

浙江省

いう)。境内には天台山で修行したという王羲之の石刻「鵞」が見える「延寿堂」のほか、「日本天台宗祖堂」「中韓天台宗祖師紀念堂」も位置する。

国清寺と寒山拾得

『寒山拾得』の説話で知られる寒山と拾得、それに天台山国清寺の僧侶であった豊干をあわせて「国清三隠」と呼ぶ。唐代のある日、国清寺の僧侶豊干は赤城山の道端で数歳の「捨て子」を見つけたが、名前をもたないため「拾得(拾って得た)」と名づけた。拾得は国清寺の食事係として働き、その拾得の

▲左　天台山国清寺の本殿にあたる大雄宝殿。　▲右　金色の坐仏像が安置されている

もとに残飯をもらいに来ていたのが、「風狂の士」寒山だった。寒山は読書三昧の生活を送ったあと、天台山南西にある寒巌の洞窟に隠遁し、ときどき天台山の国清寺へとやってきた。国清寺の長廊で叫び、ひとりごとを言うなど、周りからは奇人と見られていた寒山も、拾得とは仲がよかった。「知恵」を意味する巻軸をもつ寒山、「実践」を意味する竹箒を手にする拾得は、絵画の題材となり、両者をあわせて調和がたもたれるとされる。また豊干禅師を弥勒菩薩に、寒山を文殊菩薩に、拾得を普賢菩薩に見立て、信仰の対象にもなっている。

浙江省

山の幸を活かした食事

天台山やその麓の天台県では、仏教の伝統にあう質素な食事が食されてきた。古くから山でとれる「山菜」はじめ、白米、紅棗、豆腐、番薯、芋芀を入れた「五味粥」、冬至の日に食べるもち米で餡をくるんだ「冬至圓」、豚肉、筍、野菜を混ぜてつくった餃子の「菁餃（餅）」などが知られる。

赤城山 赤城山 chì chéng shān チイチャンシャン ［★☆☆］
天台県の北、国清寺の西側にそびえる高さ 306m の赤城山。赤い岩層が連なる山は、天台山全体の南門にあたり、仙人の

▲左 「鵞」の文字、王羲之は天台山で書を学んだという。　▲右　5つの山が国清寺を囲む

棲む「丹丘（赤い丘）」として道教と仏教の双方から聖地と見られてきた（中国の五行思想では赤色は南に配置される）。三国呉の238年に道士葛玄がここで修行したのをはじめ、梁代にはこの山の名前をとって天台県は「赤城」と名づけられたこともある。頂上にそびえる梁の岳陽王妃による梁妃塔（538年創建）、道教十大洞天の第六洞天にあたる玉京洞、南宋の奇僧済公ゆかりの場所など、数々の景勝地が点在する。またこの赤城山の朝焼け「赤城棲霞」は天台山を代表する光景と知られる。

浙江省

桐柏宮 桐柏宫 tóng bǎi gōng トォンバイグォン ［★☆☆］

桐柏宮は天台山道教の一大拠点で、唐代、皇室から深い信任を得た茅山派道教の最高指導者司馬承禎（647〜735年）が拠点を構えていた。古くは三国呉（222〜280年）の道士葛玄が草庵を結んで、煉丹をつくり、著作にはげんだと言われ、その庵を桐柏観と呼んだ。時代はくだって唐代、司馬承禎は睿宗に「葛玄の桐柏観の再建」を望み、711年に道観、713年に「天台山の守護神」王子晋をまつる王真君壇が建てられた。司馬承禎は天台山のなかで住居を変えながらも、703年以後は霊墟と呼ばれたこのあたりに暮らし、桐を切り落とし

てつくった琴で自作の曲を奏でたという(「白雲子」と号した司馬承禎は則天武后、睿宗、玄宗の３人の皇帝に仕え、生涯のほとんどを天台山で暮らしたが、その名声は長安まで聞こえたという)。かつての桐柏宮の場所にダムができたため、現在の桐柏宮は新たに現在の場所に遷されて再建された。

天台山と
国清寺を
めぐって

古くから道士や詩人たちに愛された天台山
天台大師智顗による開悟、国清寺の建立
そして東アジアから仏僧の集まる巡礼地となった

天台山のかんたんな歴史

天台山には、周の霊王太子がここで神仙となったという伝説が残り、風光明媚な隠遁場所や薬草を求めて、三国呉の葛玄、東晋の支遁、竺曇猷らが入山し、とくに孫綽（314〜371年）が「天台山は、蓋し山岳の神秀なる者なり」と詠んで広く知られるようになった（古く辺境の地だった天台山が注目されるのは、漢族が南遷して南京に都を構えるようになった六朝時代以後のこと）。南北朝時代の575年、天台大師智顗が都南京から天台山の仏隴に移り、以後、ここが天台宗の根本道場となった。『法華経』を中心に中国仏教を体系化したこの

CHINA
浙江省

天台宗を学ぶため、日本や朝鮮からも多くの留学僧が天台山を訪れた。仏教が保護された隋代に対して、唐代になると道教が第一とされ、天台山も道教聖地としての性格が強まり、廃仏の影響もあって天台山仏教は衰退した（また唐代、玄奘三蔵がインドからもち帰った唯識仏教に押された）。こうしたなか日本や韓国に伝わっていた『仏典（天台章疏)』が中国に逆輸入され、宋代、湛然、四明知礼らによって「趙宋天台」と呼ばれる天台宗が再興された。宋代はまた天台宗から禅宗へと仏教の流れが大きく変わった時代でもあり、栄西や道元はこうした時代に天台山を訪れ、日本で禅宗を開いてい

▲左　バスターミナルで食べた定食、安くておいしい。　▲右　仏隴から見える高明寺、谷に伽藍が展開する

る。明代、天台山には 62 の寺院があったと記録され、その後、20 世紀の文化大革命による被害もあったが、現在は中国仏教の聖地として再び、注目を集めている。

天台山を訪れた日本僧

804 年、入唐した最澄は、天台山で行満と脩然から、台州で道邃から、越州で順暁阿闍梨から教えを受けて、日本に天台宗を伝えた（「円・密・禅・戒」四宗からなる日本天台宗の教えは、中国天台宗とは少し異なる）。この最澄の意志をついで、経典の疑問や解決していない問題を「唐決」してもら

CHINA
浙江省

うため、比叡山の円仁（794〜864年）、円載（〜877年）、円珍（814〜891年）といった僧侶が続けて入唐した。3人のうち、天台山国清寺にいたったのは円載と円珍で、円載は最澄以来の国清寺日本新堂（日本新院）で書写をしたと伝えられ、円珍は砂金三十両を出して国清寺に「日本国大徳僧院」を建てている。その後も成尋（1011〜81年）をはじめとする多くの日本僧が天台山を訪れているが、栄西（1141〜1215年）や道元（1200〜53年）は山麓の国清寺ではなく、山中の万年寺で学んでいることから、国清寺にも盛衰があったと考えられている。巡礼僧は天台山南麓の国清寺から、天

▲左　天台山国清寺のシンボル隋塔。　▲右　天台宗の総本山の国清寺、「佛（仏）」の文字が見える

台大師智顗の眠る仏隴、そして華頂山、石梁飛瀑へといたった。

天台大師智顗の生きた時代

天台大師智顗（538〜597年）は中国が分裂していた南北朝時代に生まれ、慧思に学んだのち、当初、南朝陳の都南京で布教していた。575年、智顗が天台山に入山したのは、北朝北周の廃仏の影響があると言われ、北周を継いだ隋は南北朝を統一するため江南討伐の機会をうかがっていた。この江南討伐の責任者だったのが、晋王広（皇太子時代の煬帝、569

CHINA
浙江省

〜618年)で、その拠点は揚州におかれていた。晋王広(煬帝)は江南仏教界の指導者である天台大師智顗を通じて、江南の安定した統治をねらい、また智顗も権力者と近づくことで仏教(天台宗)の保護を考えた。晋王広はのちに暴君煬帝と知られるようになるが、仏教や道教を保護し、天台大師智顗の人徳を慕っていた。両者は30歳ほどの開きがあったものの、591年、天台大師智顗は揚州におもむいて晋王広(煬帝)に菩薩戒を授け、一方の晋王広は「智者大師」という名前を智顗に送った。597年、天台大師智顗は天台山を出て、晋王広(煬帝)の待つ揚州への途上の石城でなくなっている。死にあたっ

Tiantaishan｜天台山と国清寺をめぐって

て晋王広（煬帝）へ長文の遺書を残し、「仏法は国土や衆生のためにあること」「天台山の山麓に寺（国清寺）を建ててほしいこと」「多くの出家者を認めてほしいこと」などを伝えた。晋王広（煬帝）はこの智顗の遺言に応え、601年、国清寺が完成し、自らは604年に皇帝（煬帝）に即位した。

Guide,
Fu Long
仏隴
鑑賞案内

天台県から赭渓を北 7.5 km さかのぼった仏隴
天台山に入った天台大師智顗が修行した場所で
智顗の肉身仏（墓）も残る

仏隴 佛陇 fú lǒng フウロゥン ［★★☆］

西の赭渓、東の螺渓というふたつの河の流れを見渡せる丘陵の尾根上に位置する仏隴（隴とは「龍のようにくねった丘」のこと）。575年、南京にいた天台大師智顗の夢に老僧が現れ、智顗を天台山に招いた。この老僧こそ仏隴南側の金地嶺で30年修行していた定光禅師で、「（智顗の修行は）北側の銀地嶺でするとよい」と言った。こうして天台大師智顗は仏隴に庵を結んで弟子とともに精進を重ね、いくつもの天台宗修行道場がつくられていった（西側の桐柏に替わって、天台山東側の開発が進んだ）。天台大師智顗は、ここから陳の後

【地図】仏隴

【地図】仏隴の [★★★]
- [ ] 智者塔院 智者塔院 チイチャアタアユゥエン

【地図】仏隴の [★★☆]
- [ ] 仏隴 佛隴 フウロォン
- [ ] 高明寺 高明寺 ガオミンスウ

【地図】仏隴の [★☆☆]
- [ ] 修禅寺遺跡 修禅寺遺址 シュウチャンスウイイチイ

仏隴鑑賞案内

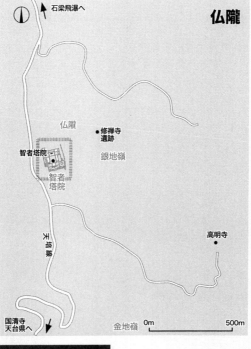

北極星そして
北斗七星そばに輝く三台星
右ふたつが上台
中ふたつが中台
左ふたつが下台

【地図】智者塔院の [★★★]
- [ ] 智者塔院 智者塔院チイチャアタアユゥエン

CHINA
浙江省

智者塔院

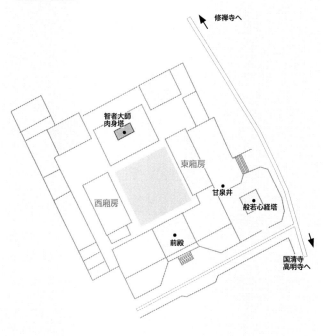

浙江省

主や隋の晋王広（煬帝）の招きに応じて何度か山を降り、隋の晋王広の待つ揚州へ向かう途上の石城でなくなっている。風光明媚な仏隴を愛した智顗は死後、この地に埋葬（肉身仏化）された。

智者塔院 智者塔院
zhì zhě tǎ yuàn チイチャアタアユゥエン [★★★]

智者塔院には、中国天台宗を大成し、晋王広（煬帝）から「智者大師」の称号が送られた天台大師智顗（538～597年）が眠る。智顗は南北朝から隋代に生き、龍樹、北斉の慧文禅師、

Tiantaishan 仏隴鑑賞案内

▲左　仏隴、細い山道をのぼっていく。　▲右　天台宗の「聖地」智者塔院

慧思と受け継がれてきた教義を天台山で体系化した（師の慧思から陳の都南京に派遣され、やがて天台山にのぼった）。この智者塔院は真覚寺とも塔頭寺とも呼ばれ、智顗が構えていた仏隴の道場(修善寺)の西200mほどに位置する。597年、石城で天台大師智顗がなくなると、その遺体は肉身仏（ミイラ）とされ、智者塔院の奥部に六角形基壇のうえに立つ高さ7mの真身宝塔が安置されている（このなかに智顗の肉身仏がある）。こうしたところから、この地は「天台宗最高の聖地」と言え、智顗の墓前には唐代に天台宗を再興した湛然の墓碑が残り、また天台宗の歴代祖師の画像がずらりとならんでい

浙江省

る。宋代の1008年に真覚寺となり、その後、何度か再建されたのち、天台大師智顗の入滅1400年にあたる1996年に日本天台宗の援助もあって現在の姿となった。最澄はここで「日本国求法斎文十七首」を読み、ほかにも円珍や成尋といった日本僧が多く智者塔院に巡礼している。

肉身塔とは

遺体の水分が50％以下になると、細菌は増殖せず、腐りにくくなる。中国では古来、こうしてミイラが多くつくられ、唐代には遺体に布を巻いて漆をぬり、そのうえから香泥を

▲左　智者塔院の前に立つ般若心経塔。　▲右　このなかに天台大師智顗のミイラがあるという

ぬった。これを肉身像といい、天台大師智顗はじめ仏教の高僧がミイラ化されて信仰対象になってきた。中国では不老長寿を求めて、鉱物や薬草を摂取する神仙思想の伝統があり、その道教と「56億年後に弥勒仏が現れて衆生を救う」という仏教の思想があいまってミイラがつくられたと考えられている。肉身像はほとんどが坐形の姿をしていて、天台大師智顗の肉身仏は「枯骸特立、端坐して生けるが如し」だったと伝えられている。この智顗の肉身仏の前に石門が建てられ、のちに肉身仏は塔でおおわれた。生きたままの姿で遺体を安置するといったことは、20世紀の毛沢東やレーニンの場合でも知られる。

浙江省

修禅寺遺跡 修禅寺遗址
xiū chán sì yí zhǐ シュウチャンスウイイチイ ［★☆☆］

修禅寺は、575年、南京瓦官寺にいた天台大師智顗が、陳宣帝の慰留をふり切って天台山に入山し、道場を構えた場所。仏隴の銀地嶺にあったことから、銀地道場とも呼ばれ、山麓に国清寺が建つまで中国天台宗の総本山がおかれていた。天台大師智顗は弟子たちとともにここで胡麻や野菜を植え、どんぐりを拾いながら修行にはげみ、飢饉にあたっては皇帝の命で山麓の天台県から薪や水などの食料が運ばれたという。修禅寺という寺名は、578年、智顗の重視した「坐禅」から

名前がとられた「修禅寺」の額が陳宣帝から送られたことにちなむ（智顗の教えは仏隴修禅寺での修行、華頂峰での開悟、荊州玉泉寺時代に大成された）。この修禅寺は唐代、禅林寺と呼ばれたが、智顗の死後に国清寺が完成すると衰退し、現在は廃墟となり、近くに講経台の大丸岩が残っている。

浙江省

高明寺 高明寺 gāo míng sì ガオミンスウ ［★★☆］

仏隴の東側を流れる螺渓側の谷あい、周囲の山に抱かれるように立つ高明寺。天台大師智顗（538 ～ 597 年）が開いた道場をはじまりとし、天台山に残る仏教寺院では国清寺につぐ規模をもつ。智顗が仏隴で説法していたところ、風に乗って経典が飛んでいき、高明山南麓のこの地に落ちた。そこに幽渓道場が構えられ、やがて唐代の天佑年間（904 ～ 907 年）に仏教寺院が建立されて 910 年、高明寺と名づけられた。康有為の筆による「高明講寺」の扁額が見られる山門からなかに入ると、中央と東西の 3 つの軸線をもつ伽藍が広がる。中

▲左　山に抱かれ静かな空間が広がっている。　▲右　高明寺は天台山では国清寺につぐ伽藍規模をほこる

央は「天王殿」、高さ4mの釈迦、文殊、弥勒三尊を安置する「大雄宝殿」「方丈楼」へと続き、西側に「三聖殿」、東側に「鐘楼」が残る。この鐘楼の高明鐘は重さ3500キロで、国清松、万年柱、塔頭風ともに「天台四絶」とされ、鐘の音は10km先まで聴こえるという。破壊と再建を繰り返し、現在の寺院は文革以後の1980年に再建された。

天台大師のつくった仏教寺院

「予の造る所の寺、棲霞、霊厳、天台（国清寺）、玉泉は乃ち天下の四絶なり」。天台大師智顗は天台宗を大成するあたっ

CHINA
浙江省

て各地に寺院を建て、とくに天台山国清寺と荊州玉泉寺が天台宗の拠点となった。天台山では智顗ゆかりの「国清寺」「真覚寺(智者塔院)」「高明寺」「華頂寺」「方広寺」と、修禅寺、西竺院、太平寺、清心寺、天封寺、九明寺、禅林寺の12の寺院が知られるが、現存するのは前者5つとなっている(また12の寺院のうち、天台山南門外に位置したものもある)。天台大師智顗の入山によって仏隴を中心とする天台山南東部の開発が進み、智顗が道場を構え、その肉身仏の残る仏隴は「聖地中の聖地」と言える。

【MEMO】

【地図】天台山中

【地図】天台山中の ［★★★］
- ☐ 石梁飛瀑 石梁飞瀑シイリィアンフエイプウ
- ☐ 智者塔院 智者塔院チイチャアタアユゥエン
- ☐ 国清寺 国清寺グゥオチンスウ

【地図】天台山中の ［★★☆］
- ☐ 仏隴 佛陇フウロォン
- ☐ 高明寺 高明寺ガオミンスウ
- ☐ 済公故居 济公故居ジイゴォングウジュウ

【地図】天台山中の ［★☆☆］
- ☐ 天台県 天台县ティエンタイシィアン
- ☐ 赤城山 赤城山チイチャンシャン
- ☐ 桐柏宮 桐柏宫トォンバイグォン
- ☐ 石梁鎮 石梁镇シイリィアンチェン
- ☐ 万年寺 万年寺ワンニィエンスウ
- ☐ 桃源春暁 桃源春晓タオユゥエンチュンシャオ

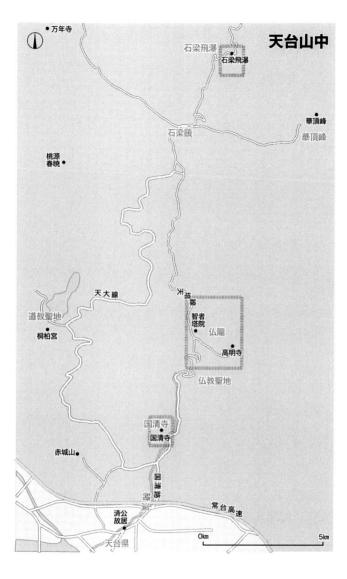

Guide, Shi Liang
石梁鑑賞案内

CHINA
浙江省

天台山の山深くに架かる１本の石梁
水しぶきがあがるなか石橋を渡り
茶を献ずると五百羅漢が霊異をあらわすという

石梁鎮 石梁镇 shí liáng zhèn シイリィアンチェン [★☆☆]
天台山の奥部、石梁飛瀑の南4kmに位置し、北の石梁飛瀑や方広寺、東の華頂峰、西の万年寺への足がかりになる石梁鎮。天台山最高峰の華頂峰と同緯度にあたることから、分水嶺にもなっており、石梁鎮そばを流れる金渓は北麓の新昌石城へ流れ、石梁鎮より南の楮渓や螺渓は南の天台県に流れる。

石梁飛瀑 石梁飞瀑
shí liáng fēi pù シイリィアンフエイプウ [★★★]
滝（飛瀑）が20mの高低差を落下し、そのうえを長さ7m、

Tiantaishan

石梁鑑賞案内

幅2mの巨大な石（石梁）が橋のようにかかることから名づけられた「石梁飛瀑」。わずかな幅しかなく、苔の生えた石橋の姿は渡る者を畏怖させ、すさまじい水しぶきがあがるその様子は天台山屈指の景勝地と知られる。古くは東晋の竺曇猷が隠居した場所で、このときはじめて天台山に仏教が伝わり、その後も多くの文人たちをひき寄せてきた。羅漢が現れるとも、青龍が雨を降らすとも言われる神秘の場所で、ふたつの流れがこの地で交わるほか、多くの滝や渓流が美しい景観を見せる。また石梁のそばには康有為（1858～1927年）による「石梁飛瀑」の石刻が立つ。

【地図】石梁飛瀑

【地図】石梁飛瀑の [★★★]
□　石梁飛瀑 石梁飞瀑 シイリィアンフエイプウ

【地図】石梁飛瀑の [★★☆]
□　方広寺 方广寺 ファアングゥアンスウ

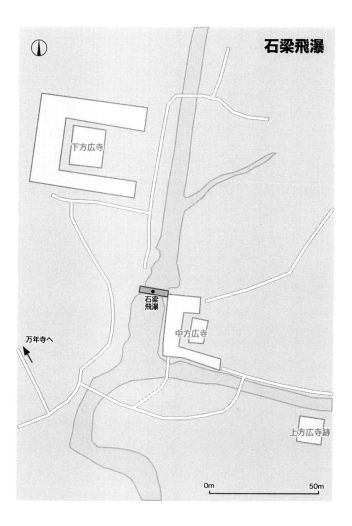

CHINA
浙江省

羅漢の現れる霊域

石梁(石橋)の奥には金の橋が架かり、それを渡ったところには羅漢が棲んでいるという。羅漢とは悟りを開いたブッダの弟子たちや修行者そのものをさし、「アルハット(阿羅漢)」から名づけられた(五百羅漢はブッダ入滅後の経典結集に集まった弟子たちのことで、小乗仏教で最高の格式となっている)。東晋の竺曇猷は五百羅漢を見て道場をつくったとも、天台大師智顗を導いたり、石橋や国清寺隋塔をつくったりしたのは羅漢だとも言われる。この羅漢は日本にも伝わり、江戸時代に大いに信仰を受けた。

▲左　波しぶきをあげる滝に架かる石橋、石梁飛瀑。　▲右　天台山にしげる竹、この地の重要な物産だった

能に描かれた石橋

唐へおもむき、文殊菩薩の霊異を求めて、五台山の石橋を渡ろうとする大江定基を描いた能楽の『石橋』。この話の舞台と知られるのが天台山の石橋で、大江定基は「行くこと難き石の橋」を渡ろうとするが、そこに木こりが現れて「（苔がむし、谷が深いため）人間の渡せる橋にあらず」とそれをとめる（やがて文殊菩薩の使いの獅子が現れる）。史実では、平安時代に生きた大江定基（962〜1034年）は出家して寂照法師となり、寧波から宋に入って天台宗に関する27の疑問を四明（寧波）知礼へあずけた。入宋中の大江定基は藤原道

浙江省

長と書簡を交わすなどし、日本に戻ることないまま杭州で客死している。能楽の『石橋』では、「天台山」が「五台山」に、「羅漢」が「文殊菩薩」に替えられている。

方広寺 方广寺
fāng guǎng sì ファアングゥアンスウ [★★☆]

石梁飛瀑の位置する渓流にそって、上流から上方広寺・中広寺・下方広寺と続く方広寺。古く東晋（317～420年）の竺曇猷が道場を構えた場所と知られ、ここに智顗以前に入山していた定光禅師の草庵があり、その後、天台大師智顗の十二

道場のひとつがおかれた。宋代の1101年、「五百羅漢が霊異を示す」というこの場所に張履信が五百羅漢像をまつって方広寺を建て、焼失したのちの1193年に再建された。また南宋の宰相賈似道が竺曇猷と羅漢をまつる曇華亭を建てたと伝えられるが、やがて方広寺は衰退していった。20世紀末、石梁飛瀑の地点に「中方広寺（大雄宝殿、明代の五百羅漢像、曇華亭の残る）」、石段をくだった滝壺近くに「下方広寺（羅漢堂が見られる）」が再建された。方広とは、大乗仏教で「広大」を意味し、上・中・下の3つの寺院からなるのは、杭州の天竺寺にならったものだという。

浙江省

栄西とお茶を献茶

天台山は多くの日を雲霧におおわれ、適度な気温、お茶の栽培に適した環境をもつ。後漢末には葛仙茶圃があったとされ、標高800〜900mで栽培される天台山のお茶は、「天台雲霧茶（華頂雲霧茶）」という名前で知られる。最澄（767〜822年）は天台山から茶種を日本にもち帰って比叡山日吉茶園に植え、また栄西（1141〜1215年）は浙江の茶種を福岡の背振山にまいたという。1168年、天台山にのぼった栄西は万年寺に入り、その後、石梁（石橋）で羅漢に献茶すると、茶瓶のなかに羅漢が姿を見せ、石橋を渡ると2匹の青龍が現れたと

▲左　カートで移動する人たち。　▲右　北バスターミナルにて、石梁への便はきわめて少ない

いう（このとき浙江で合流した重源もいた）。栄西は二度の入宋のなかで、禅宗の仏教とともに、茶樹、茶の栽培法、製茶法、茶文化を日本にもたらし、『喫茶養生記』を記している。

万年寺 万年寺 wàn nián sì ワンニィエンスウ［★☆☆］

万年寺は東晋（317〜420年）の竺曇猷が万年山の麓に構えた庵をはじまりとし、唐代の833年、この地に仏教寺院が建立された。516体の羅漢像が安置され、1104年に再建されたとき、天寧万年寺と名づけられた。天台山万年寺が特筆されるのは、宋代、のちの鎌倉仏教の担い手となる栄西（1141

浙江省

～1215年)や道元(1200～53年)がここで修行したこと。栄西は1168年と、二度目の入宋の1187年に万年寺に入り、当時、臨済宗黄龍派の寺だったこの寺で虚庵懐敞のもと修行している。1191年、菩薩戒を授かった栄西は日本で臨済宗を開いていることから、万年寺で盛んだった禅宗(臨済宗)が日本の臨済宗と祖型となったと言える。栄西は『興禅護国論』のなかで「自分の前身はインド僧で、この万年寺に住んでいた」と記している。また同時代に入宋した道元も、天台山では万年寺を訪れているところから、当時、山麓の国清寺に勢いがなかったのではと推測されている。

▲左　天台山の売店、趣ある屋根をもつ。　▲右　天台大師智顗は華頂峰で開悟にいたった

桃源春暁 桃源春晓
táo yuán chūn xiǎo タオユゥエンチュンシャオ ［★☆☆］

風光明媚な環境から桃源郷にもたとえられる天台山中の「桃源春暁」。昔むかし、嵊県に暮らす劉晨と阮肇が薬草をとりに入山して、ここで桃を食べると、ふたりの仙女が現れた。ふたりはひきとめられて楽しいひとときを過ごし、半年後、下山すると、故郷には誰ひとり知る人はなく、7代あとの子孫がいたという。桃源春暁は天台山八景のひとつにあげられ、仙女に見立てられるふたつの峰「双女峰」が立っている。

浙江省

華頂峰 华顶峰 huá dǐng fēng ファアディンフェン

石梁被曝から東6kmにそびえる華頂峰は、天台山の最高峰(標高1138m)。この峰を中心に四方に山が連なる姿を蓮華弁にたとえて「華頂峰(花の頂)」といい、花や草木が茂り、峰が雲におおわれている様子を「華頂帰雲」という。天台大師智顗(538～597年)が弟子たちを仏隴に残して、ひとり華頂峰に登って頭陀行を行ない、降魔の誘惑をしりぞけて開悟した場所でもある。頂上部には智顗が天竺に向かって読経した「拝経台」、936年に建てられた「華頂峰寺」、小さな石塔の「智者大師降魔塔」、唐代の李白が読書したという「太白

書堂」、王羲之が書法を修行したという「王羲之墨池」も残る（王羲之は、天台山で白雲先生こと司馬承禎に書を学んだと言われるが年代はあわず、また華頂峰は「望海尖」ともいうがここから海は見えない）。日本僧では最澄の意思を継いだ円珍が854年に、成尋が1072年に華頂峰に巡礼している。

Guide, Lin Hai
臨海
城市案内

唐代以来、台州という名前で知られた臨海
日本天台宗の最澄が菩薩戒を受けたのがこの地で
街をおおう城壁が今でも残っている

臨海 临海 lín hǎi リンハァイ ［★★☆］

臨海は長らく台州という名前で知られた古都で、現在でも街をとり囲む城壁が残っている。街に沿うように西側から南側を霊江が流れ、上流に天台山のある天台県、下流に臨海に代わって発展をとげた台州が位置する（かつて海門と呼ばれた地が現在、台州と呼ばれている）。この臨海（台州）は江南の開発が進んだ三国呉の時代（3世紀）に行政府がおかれ、622年、近くの天台山にちなんで「台州」と名づけられた。804～805年、入唐した最澄は臨海（台州）を訪れ、龍興寺で天台宗の菩薩戒を受けている。また南宋時代、霊江を通じ

【地図】臨海（台州）

【地図】臨海（台州）の［★★☆］
- [ ] 臨海 临海 リンハァイ
- [ ] 龍興寺 龙兴寺 ロォンシンスウ
- [ ] 紫陽古街 紫阳古街 ズゥヤングゥジエ
- [ ] 台州府城壁（江南長城）台州府城墙 タァイチョウフウチャンチィアン

【地図】臨海（台州）の［★☆☆］
- [ ] 霊江 灵江 リィンジィアン
- [ ] 台州臨海東湖公園 台州临海东湖公园 タイチョウリンハァイドォンフウゴンユュエン

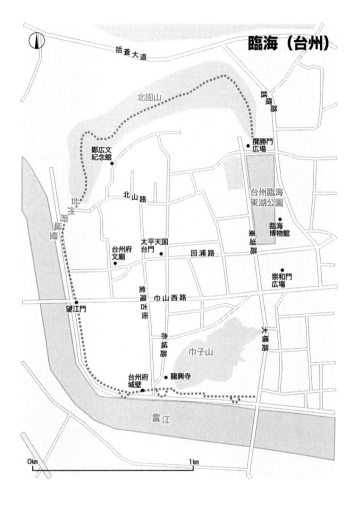

臨海城市案内

浙江省

た港をもつ街は発展をとげ、寧波や温州からの船が臨海(台州)まで遡航してきた。こうして臨海(台州)は唐代から清代まで浙江中央東部の中心都市という性格をもち、県衙がおかれていた。20世紀初頭になると、より交通の利便性の高い霊江河口部の海門がこの臨海(台州)に代わって台頭し、現在ではそちらが台州と呼ばれている。

龍興寺 龙兴寺 lóng xìng sì ロォンシンスゥ [★★☆]

臨海(台州)旧城南東にそびえる巾子山の南麓斜面に展開する龍興寺。伝教大師最澄(767〜822年)が菩薩戒を受けた

臨海城市案内

▲左　かつて台州の名で知られた古都の臨海。　▲右　天台県や寧波とバスで結ばれている

　由緒正しい仏教寺院で、日本天台宗発祥の地のひとつとされる。伝説では仏教の盛んだった南朝梁（502〜557年）の岳陽王が仏舎利を安置して七塔を建てたのがはじまりだという。唐代の705年、伽藍が整備され、最澄は入唐した9か月（804〜805年）のうち、6か月をこの龍興寺に滞在して『法華経』や『涅槃経』を書写し、龍興寺極楽浄土院で天台宗第7祖道邃から円教の菩薩戒を受けている（天台山の高僧道邃は台州勅使陸淳の招きで、この龍興寺に来て講義をしていた）。その後、会昌の廃仏で破壊され、開元寺に名前を変えたが、やがてこの寺は衰退していった。現在は再建が進み、巾子山の

浙江省

西麓に千仏塔が立つほか、伽藍の中心にあたる大雄宝殿に金色の天台大師像が安置されている。

最澄の入唐

伝教大師最澄（767～822年）は鑑真（688～763年）の請来した天台宗の経典を日本で読み、804年、遣唐使船に乗って天台宗の総本山である天台山へと向かった。寧波から臨海（台州）へといたった最澄は、そこで台州刺史陸淳に面会し、陸淳の招きで台州龍興寺で講義していた天台山修禅寺の道邃（天台宗第七祖）に出逢った。道邃は最澄のために経典を

▲左　黄色の仏衣を着た僧侶たちの姿が見える。　▲右　龍興寺の伽藍とそびえる千仏塔

用意し、この龍興寺で最澄は書写にはげんだ。まもなく臨海（台州）から天台山にのぼった最澄は、天台山仏隴寺の座主である行満から戒律を受け、天台山禅林寺の翛然から牛頭禅法門を伝授された（国清寺も訪れている）。最澄は1か月ほど天台山に滞在したのち、臨海（台州）に戻り、805年、台州龍興寺西廂の極楽浄土院で、唐僧27人とともに道邃から円教（天台宗）の菩薩戒を受けた。そして臨海（台州）から寧波に帰り、日本への遣唐使船を待つあいだに越州へ趣き、順暁阿闍梨から密教を学んだ。こうして最澄は入唐中に学んだ「円・密・禅・戒」の四宗を伝えたため、日本の天台宗は

【MEMO】

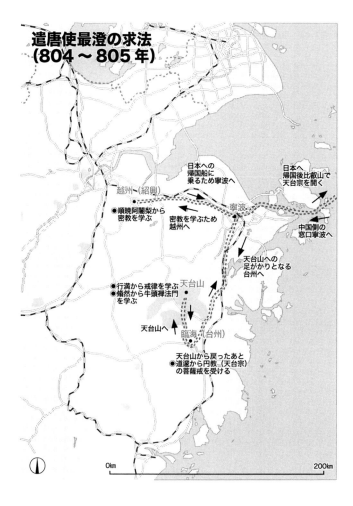

浙江省

中国天台宗と異なる独自の体系をつくることになった。

奝然の請来した仏像

平安時代の東大寺僧奝然(ちょうねん)は984年に入宋し、宋の太宗趙匡義にも拝謁している。この奝然は入宋中に台州龍興寺(開元寺)にいたり、985年、龍興寺にあったインド伝来の栴檀釈迦像の模刻を中国人彫刻家に依頼した。こうして完成した釈迦如来像を日本にもち帰って、奝然はそれを京都嵯峨清涼寺(嵯峨釈迦堂)に安置した。台州から請来された釈迦如来像は平安時代以後、広く信仰を集めることになった。

臨海城市案内 | Tiantaishan

台州旧城の見どころ

北固山を背に、麗江が前方に流れる、理想的な風水の地に築かれている臨海（台州）。旧城周囲を城壁に囲まれ、南東側に「仙人の落とした頭巾」に由来する巾山（高さ93m）が位置する。旧城の中心を紫陽古街が走り、かつては行政府にあたる県衙がおかれていた。また764年に建てられた文人の祠の鄭広文紀念館や台州府文廟、太平天国台門などの遺構が残る。

浙江省

紫陽古街 紫阳古街 zǐ yáng gǔ jiē ズウヤングゥジエ [★★☆]
臨海（台州旧城）の中心部を走る紫陽古街。古い街並みを残し、屋根瓦のふかれた江南民居、火事を防ぎその家の格式を示したうだつが見え、赤ちょうちんや旗が軒先にかかげられている。紫陽古街という名前は、この地にあった台州紫陽宮にちなみ、玉器など雑貨を売る店、小吃店などが軒を連ね、古い臨海（台州）の面影を感じられる。

▲左 街の周囲をぐるりと囲む台州府城壁。 ▲右 にぎやかな通りの紫陽古街

台州府城壁（江南長城） 台州府城墙 tái zhōu fǔ chéng qiáng タァイチョウフウチャンチィアン [★★☆]

臨海（台州旧城）の周囲をとり囲む防御壁の役割を果たしてきた台州府城壁。城壁の高さは7m程度、全長は4671mになり、現在は南側、西側、北側の三方向に残っている。霊江の流れに沿い、北固山を走る姿は「江南長城（江南八達嶺）」の名前で知られ、地形にあわせて変化に富んでいる。この台州府城壁の建設がはじまったのは東晋時代（317〜420年）のことで、北宋時代の1046年に現在の姿となったあとも再建が続き、1600年以上の伝統をもつ。靖越門、興善門、鎮寧門、

浙江省

望江門、括蒼門といった城門、また城門の外側にある防御機能をもった4つの甕城、見張りや兵士の駐屯した敵台や烽火台が残る。霊江を通じて東海にいたる南門がちょうど物資の集まる正門になり、そのあたりに商店や旅館が集まっていた。

霊江 灵江 líng jiāng リィンジィアン ［★☆☆］

北から流れる始豊渓、西から流れる永安渓が臨海上流で合流して霊江となり、台州湾（海門）へとそそいでいく。臨海（台州）はこの麗江の水利で発展し、「霊江、在州城外。其水自三江合流」と言われてきた。長らく東海と浙江内陸部を結ぶ

大動脈として機能し、天台山でとれる木材や竹、海からの塩などが霊江を通じて運ばれた（また円珍はこの霊江を遡行して天台県へ向かっている）。移動手段が車にとって代わられるまで、寧波や温州と往来する蒸気船は南門外、上流の天台県と往来する民船は西門外を港とした。

台州臨海東湖公園 台州临海东湖公园
tái zhōu lín hǎi dōng hú gōng yuán
タイチョウリンハァイドォンフウゴンユゥエン ［★☆☆］

臨海市街東部に広がる台州臨海東湖公園。宋代の11世紀に

浙江省

台州城壁の東側に整備された貯水湖で、南北500m、東西150mの規模をもつ。この湖の周囲には臨海博物館（東側）、崇和門広場（南側）、攬勝門（北側）などが位置し、街の中心となっている。

台州とその評判

杭州や紹興、寧波などと違って、浙江山間部に位置する臨海（台州）は決して豊かな土地ではなかった。山がちで田畑の少ない土地柄から、無業の遊民、道教と仏教の出家者、溺女（女児を間引きすること）などが多く、それらが土匪として

中央に反乱するということも多かった。古くは、北宋徽宗が奢侈のために集めさせた花石綱に反対し、北宋滅亡の原因となった方臘の乱（1120年）、元末の群雄のひとり方国珍（1319〜74年）が臨海（台州）と温州あたりを根拠地にしている。また山間部であることから、台州のなかでも地域ごとに特徴ある方言をもつという。

【MEMO】

CHINA
浙江省

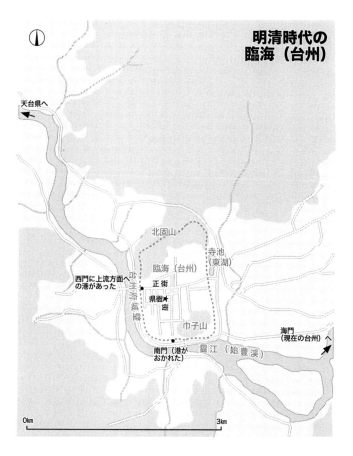

Guide,
Tian Tai Jiao Qu
天台郊外
城市案内

天台大師智顗が入滅した天台山の西門石城
また急速な発展を見せる沿岸部の
台州や黄巌が天台山から少し離れて位置する

寒巌 寒岩 hán yán ハァンイェン [★☆☆]

天台山の南西 25kmにそびえ、『寒山拾得』の故事で知られる寒山が隠棲したという寒巌（寒山の名前は、この寒巌からとられている）。唐代、寒山はひとりここで瞑想したり、詩作にはげみ、ときどき拾得のいる天台山国清寺に残飯をもらいに行ったと伝えられる。

石城 石城 shí chéng シイチャン [★☆☆]

天台山の西門とされ、天台大師智顗「入滅の地」としても知られる新昌石城。天台山の北西山麓に位置し、剡渓の流れる

【地図】天台郊外

【地図】天台郊外の [★★★]
- ☐ 国清寺 国清寺 グゥオチンスウ
- ☐ 石梁飛瀑 石梁飞瀑 シイリィアンフエイプウ

【地図】天台郊外の [★★☆]
- ☐ 仏隴 佛陇 フウロォン
- ☐ 臨海 临海 リンハァイ

【地図】天台郊外の [★☆☆]
- ☐ 寒巌 寒岩 ハァンイェン
- ☐ 石城 石城 シイチャン
- ☐ 台州 台州 タイチョウ
- ☐ 黄巌 黄岩 フゥアンイェン
- ☐ 天台県 天台县 ティエンタイシィアン
- ☐ 赤城山 赤城山 チイチャンシャン
- ☐ 霊江 灵江 リィンジィアン

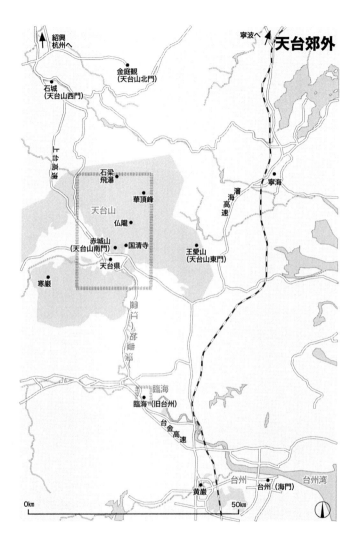

CHINA
浙江省

この地は呉越と台州、温州を結ぶ要衝にあたる。天台山よりも先に仏教拠点となり、南北朝時代は中国を代表する仏教文化の中心地だった（竺曇猷や支遁は、石城から天台山へ入った）。石城という名前は石城山（高さ156m）からとられ、高さ13.2m、幅15.9mの弥勒仏坐像を安置する大仏寺が残る。天台大師智顗は、天台山から揚州にいる晋王広（隋煬帝）のもとへ向かう途上、この地で入滅し、その遺言で天台山国清寺が建てられることになった。

天台郊外城市案内

台州 台州 tái zhōu タイチョウ ［★☆☆］

天台山方面から流れる霊江（淑江）の河口部に位置する台州。長らく臨海（台州）の外港「海門」と呼ばれていたが、上海や寧波、温州との船が往来が活発化したこともあって、20世紀初頭から上流の臨海（台州）にとって代わるようになった。改革開放の流れを受けた1980年、黄巌の工業地区だった海門区が淑江市として独立すると、急速に工業化し、1994年、周囲の市や県を合併して「台州」とあらためられた。隣接する温州とともに「温台モデル」と呼ばれる、私有企業中心の経済発展を見せた。

浙江省

黄巌 黄岩 huáng yán フゥアンイェン ［★☆☆］

黄巌は唐代の 675 年におかれた永寧県をはじまりとする伝統をもち、690 年以来、黄巌と呼ばれている。元末の群雄のひとり方国珍の出身地、また「中国みかんの郷」として知られ、温州みかんはここ浙江黄巌あたりから来た種をもとに日本で出現した新種となっている（江戸時代の 1738 年の『本草或問』に温州みかんの記述があり、温州みかんのもとは中国の早橘か天台山橘が鹿児島長島にもたらされた種だとされる）。現在は隣接する台州（旧海門）とともに経済発展が進み、高層ビルが林立する。

仏道混淆する霊山

CHINA
浙江省

峨眉山（四川省）、五台山（山西省）とともに
中国仏教三大霊山にあげられる天台山
中国文人や道士に愛された山でもあった

最澄、空海と比叡山

794年、桓武天皇は奈良仏教の影響から離れた京都に遷都し、平安時代がはじまった。この時代、中国の制度や文化を学ぶため遣唐使が派遣され、最澄、そして空海は同じ年の804年、別の船に乗って中国へ向かった。寧波に到着した最澄が天台山へ足を伸ばしたのに対し、空海の船は福州あたりに漂着し、そこから唐の都長安へおもむいた。最澄は入唐のなかで密教も学んだが、のちに長安から本格的な密教を学んだ空海が帰国し、そちらが優勢となっていた。こうしたなか最澄の意思を受け継ぐ、比叡山の円仁や円珍らが入唐し、比叡山の密教

（台密）が完成されていった（円仁は天台山行きを許可されず、円珍は天台山にいたっている）。そのため中国天台山国清寺は比叡山延暦寺の祖庭にあたり、国清寺境内奥の高台には日本天台宗祖堂がもうけられている。また比叡山東の峰の大比叡（848m）に対して、西の峰の四明岳（839m）は寧波の旧名「四明」から名づけられている。

天台山と道教

天台山には、紀元前550年ごろの周霊王の太子である王子晋（右弼真人）が仙人になったという伝説が残る。そのため右

CHINA
浙江省

弱真人は天台山の守り神となり、赤城山や桐柏宮にまつられていた（ほか国清寺の伽藍にも見える）。道教は不老長寿を求める民間信仰からはじまり、道士たちは神仙になるための薬草を求めて天台山に入山した。そうしたことから隋唐代以前は桐柏山が天台山の中心で、天台山とは桐柏山をさしたという。また唐代、司馬承禎が入山したことで唐代の天台山では、道教が仏教をしのぐ勢いを見せている。道教には十大洞天、三十六小洞天、七十二福地などの聖地があり、天台山（桐柏宮）はそのなかの金庭洞天とされ、中国南宗道教の発祥地でもある。

Tiantaishan 道仏混淆する霊山

▲左　かつて危険を承知で海を渡った遣唐使、今は交通網が整備されている。
　▲右　最澄はここ台州龍興寺で菩薩戒を受けた

詩に詠まれた天台山

天台山が中国全土に知られるようになるのは東晋時代のこと。会稽山で隠遁生活を送ったのち、王羲之の推挙で浙江温州永嘉の太守となった孫綽（314〜371年）が『天台山賦』でこの地の風光明媚を詠んだ（曲水の宴を受けて王羲之が『蘭亭前序』を記したのに対して、孫綽は『蘭亭後序』を記している）。以後、天台山は唐の孟浩然、李白、白居易らによって詠まれ、とくに天台山に二度登っている李白の『天台曉望（題桐柏觀）』が知られる。「天台隣四明／華頂高百越／門標赤城霞／樓棲滄島月（天台四明に隣し／華頂百越に高し／門

浙江省

は標す赤城の霞／樓は棲す滄島の月）」。また明代の旅人徐霞客は三度、天台山を訪れ、東側から、また南側からというように異なるルートで天台山に入っている。

Tiantaishan

道仏混淆する霊山

参考文献

『聖地天台山』(陳公余・野本覚成 / 佼成出版社)

『天台山記の研究』(薄井俊二 / 中国書店)

『中国天台山諸寺院の研究』(斎藤忠 / 第一書房)

『天台の流伝』(藤善眞澄・王勇 / 山川出版社)

『天台山に於ける道教と佛教』(井上以智為 / 弘文堂書房)

『本茶のふるさと天台山』(倉沢行洋・東君 / 茶道雑誌)

『天台山の詩歌』(薄井俊二 / 埼玉大学紀要)

『中国の入定ミイラの研究』(松本昭 / 学苑)

『済公活仏物語に見る注目すべき二つの特色』(野川博之 / 黄檗文華)

『隋の江南征服と仏教』(塚本善隆 / 仏教文化研究)

『帝国主義成立期の浙江農村社会』(秦惟一 / 歴史学研究)

『シナ佛教の研究』(津田左右吉 / 岩波書店)

『支那省別全誌第 13 巻浙江省』(東亜同文会)

『支那文化史蹟』(常盤大定・関野貞 / 法蔵館)

『世界大百科事典』(平凡社)

まちごとパブリッシングの旅行ガイド
Machigoto INDIA , Machigoto ASIA , Machigoto CHINA

【北インド - まちごとインド】

001 はじめての北インド
002 はじめてのデリー
003 オールド・デリー
004 ニュー・デリー
005 南デリー
012 アーグラ
013 ファテープル・シークリー
014 バラナシ
015 サールナート
022 カージュラホ
032 アムリトサル

【西インド - まちごとインド】

001 はじめてのラジャスタン
002 ジャイプル
003 ジョードプル
004 ジャイサルメール
005 ウダイプル
006 アジメール(プシュカル)
007 ビカネール
008 シェカワティ
011 はじめてのマハラシュトラ
012 ムンバイ
013 プネー
014 アウランガバード
015 エローラ
016 アジャンタ
021 はじめてのグジャラート
022 アーメダバード
023 ヴァドダラー(チャンパネール)
024 ブジ(カッチ地方)

【東インド - まちごとインド】

002 コルカタ
012 ブッダガヤ

【南インド - まちごとインド】

001 はじめてのタミルナードゥ
002 チェンナイ
003 カーンチプラム
004 マハーバリプラム
005 タンジャヴール
006 クンバコナムとカーヴェリー・デルタ
007 ティルチラパッリ
008 マドゥライ
009 ラーメシュワラム
010 カニャークマリ
021 はじめてのケーララ
022 ティルヴァナンタプラム
023 バックウォーター(コッラム〜アラップーザ)
024 コーチ(コーチン)
025 トリシュール

【ネパール - まちごとアジア】

001 はじめてのカトマンズ
002 カトマンズ
003 スワヤンブナート

004 パタン
005 バクタプル
006 ポカラ
007 ルンビニ
008 チトワン国立公園

【バングラデシュ - まちごとアジア】

001 はじめてのバングラデシュ
002 ダッカ
003 バゲルハット（クルナ）
004 シュンドルボン
005 プティア
006 モハスタン（ボグラ）
007 パハルプール

【パキスタン - まちごとアジア】

002 フンザ
003 ギルギット（KKH）
004 ラホール
005 ハラッパ
006 ムルタン

【イラン - まちごとアジア】

001 はじめてのイラン
002 テヘラン
003 イスファハン
004 シーラーズ
005 ペルセポリス
006 パサルガダエ（ナグシェ・ロスタム）
007 ヤズド
008 チョガ・ザンビル（アフヴァーズ）
009 タブリーズ

010 アルダビール

【北京 - まちごとチャイナ】

001 はじめての北京
002 故宮（天安門広場）
003 胡同と旧皇城
004 天壇と旧崇文区
005 瑠璃廠と旧宣武区
006 王府井と市街東部
007 北京動物園と市街西部
008 頤和園と西山
009 盧溝橋と周口店
010 万里の長城と明十三陵

【天津 - まちごとチャイナ】

001 はじめての天津
002 天津市街
003 浜海新区と市街南部
004 薊県と清東陵

【上海 - まちごとチャイナ】

001 はじめての上海
002 浦東新区
003 外灘と南京東路
004 淮海路と市街西部
005 虹口と市街北部
006 上海郊外（龍華・七宝・松江・嘉定）
007 水郷地帯（朱家角・周荘・同里・甪直）

【河北省 - まちごとチャイナ】

001 はじめての河北省
002 石家荘
003 秦皇島
004 承徳
005 張家口
006 保定
007 邯鄲

【江蘇省 - まちごとチャイナ】

001 はじめての江蘇省
002 はじめての蘇州
003 蘇州旧城
004 蘇州郊外と開発区
005 無錫
006 揚州
007 鎮江
008 はじめての南京
009 南京旧城
010 南京紫金山と下関
011 雨花台と南京郊外・開発区
012 徐州

【浙江省 - まちごとチャイナ】

001 はじめての浙江省
002 はじめての杭州
003 西湖と山林杭州
004 杭州旧城と開発区
005 紹興
006 はじめての寧波
007 寧波旧城
008 寧波郊外と開発区
009 普陀山
010 天台山
011 温州

【福建省 - まちごとチャイナ】

001 はじめての福建省
002 はじめての福州
003 福州旧城
004 福州郊外と開発区
005 武夷山
006 泉州
007 厦門
008 客家土楼

【広東省 - まちごとチャイナ】

001 はじめての広東省
002 はじめての広州
003 広州古城
004 天河と広州郊外
005 深圳（深セン）
006 東莞
007 開平（江門）
008 韶関
009 はじめての潮汕
010 潮州
011 汕頭

【遼寧省 - まちごとチャイナ】

001 はじめての遼寧省
002 はじめての大連
003 大連市街
004 旅順
005 金州新区

006 はじめての瀋陽
007 瀋陽故宮と旧市街
008 瀋陽駅と市街地
009 北陵と瀋陽郊外
010 撫順

【重慶 - まちごとチャイナ】

001 はじめての重慶
002 重慶市街
003 三峡下り（重慶〜宜昌）
004 大足

【香港 - まちごとチャイナ】

001 はじめての香港
002 中環と香港島北岸
003 上環と香港島南岸
004 尖沙咀と九龍市街
005 九龍城と九龍郊外
006 新界
007 ランタオ島と島嶼部

【マカオ - まちごとチャイナ】

001 はじめてのマカオ
002 セナド広場とマカオ中心部
003 媽閣廟とマカオ半島南部
004 東望洋山とマカオ半島北部
005 新口岸とタイパ・コロアン

【Juo-Mujin（電子書籍のみ）】

Juo-Mujin 香港縦横無尽
Juo-Mujin 北京縦横無尽
Juo-Mujin 上海縦横無尽

【自力旅游中国 Tabisuru CHINA】

001 バスに揺られて「自力で長城」
002 バスに揺られて「自力で石家荘」
003 バスに揺られて「自力で承徳」
004 船に揺られて「自力で普陀山」
005 バスに揺られて「自力で天台山」
006 バスに揺られて「自力で秦皇島」
007 バスに揺られて「自力で張家口」
008 バスに揺られて「自力で邯鄲」
009 バスに揺られて「自力で保定」
010 バスに揺られて「自力で清東陵」
011 バスに揺られて「自力で潮州」
012 バスに揺られて「自力で汕頭」
013 バスに揺られて「自力で温州」

【車輪はつばさ】
南インドのアイラヴァテシュワラ寺院には建築本体に車輪がついていて 寺院に乗った神さまが人びとの想いを運ぶと言います。

・本書はオンデマンド印刷で作成されています。
・本書の内容に関するご意見、お問い合わせは、発行元の
　まちごとパブリッシング info@machigotopub.com までお願いします。

まちごとチャイナ
浙江省010天台山
〜靄たちこめる「仏教霊山」[モノクロノートブック版]

2017年11月14日　発行

著　者	「アジア城市（まち）案内」制作委員会
発行者	赤松　耕次
発行所	まちごとパブリッシング株式会社 〒181-0013　東京都三鷹市下連雀4-4-36 URL http://www.machigotopub.com/
発売元	株式会社デジタルパブリッシングサービス 〒162-0812　東京都新宿区西五軒町11-13 清水ビル3F
印刷・製本	株式会社デジタルパブリッシングサービス URL http://www.d-pub.co.jp/

MP144

ISBN978-4-86143-278-1 C0326　　　　Printed in Japan
本書の無断複製複写 (コピー) は、著作権法上での例外を除き、禁じられています。